BEI GRIN MACHT SICH IHR WISSEN BEZAHLT

AF125580

- Wir veröffentlichen Ihre Hausarbeit,
  Bachelor- und Masterarbeit

- Ihr eigenes eBook und Buch -
  weltweit in allen wichtigen Shops

- Verdienen Sie an jedem Verkauf

Jetzt bei www.GRIN.com hochladen und kostenlos publizieren

Psychologie in der Mediation. Konflikte, Konflikteskalation und deren Handhabung

Caroline Brunhild Wähner

Bibliografische Information der Deutschen Nationalbibliothek:

Die Deutsche Nationalbibliothek verzeichnet diese Publikation in der Deutschen Nationalbibliografie; detaillierte bibliografische Daten sind im Internet über http://dnb.d-nb.de abrufbar.

ISBN: 9783346254207
Dieses Buch ist auch als E-Book erhältlich.

Das Buch bei GRIN: https://www.grin.com/document/914117

Fernstudium | WINGS - Hochschule Wismar

Studiengang: Mediation

Titel:

„Psychologie in der Mediation"

\-

„Konflikte, Konflikteskalation und deren Handhabung"

Verfasserin: Mag.ª iur., Caroline B. Wähner, B.A.

Verfass: Dresden, den 1.12.2011

Inhaltsverzeichnis

A. Grundlegendes

Die Ausübung der Mediation setzt vom Mediator[1] nicht nur die Berücksichtigung ökonomischer, personeller und sozialer Aspekte, sondern insbesondere auch die Wahrnehmung individual- und organisationspsychologischer Vorgänge von Organisationsprozessen voraus.[2] Darüber hinaus ist ein fundiertes Know-how über die sozialen und psychischen Bedingungen von Konfliktverläufen von Parteien, Institutionen und Organisationen gefragt. Hinzutreten, m.E. unabdingbar, vor allem Kenntnisse der psychologischen und sozialwissenschaftlichen Konfliktbearbeitungsansätze und derer Methoden als Voraussetzung für eine sachgerechte Gesprächs- und Verhandlungsführung.

Nach *Berlew* ist ein Konflikt gegeben, „*... wenn untereinander Uneinigkeit herrscht.*"[3]

Hingegen sieht *Dahrendorf* als Konflikt „*... jede Beziehung von Elementen, die sich durch objektive (latente) oder subjektive (manifeste) Gegensätzlichkeit bezeichnen lässt...*"[4]

Wiederum erkennt *Rosenstiel* diesen „*...wenn zw. Konfliktparteien unvereinbare Handlungstendenzen beobachtet werden.*"[5] Dieses Wissen ist die Basis für die verantwortungsvolle Beurteilung der Möglichkeiten und Grenzen der Mediation. In Folge kann ein reflektiertes Umgehen mit der Rolle und dem Handeln als Mediator gewährleistet werden.

Insoweit kann als spezifizierte Arbeitsdefinition zum Erkennen und Bearbeiten von Konflikten die Definition von *Glasl* für den Mediator herangezogen werden: „*Ein sozialer Konflikt ist eine Interaktion (ein aufeinander bezogenes Kommunizieren oder Handeln) zwischen Aktoren (Individuen, Gruppen, Organisationen ...), wobei wenigstens ein Aktor Unvereinbarkeiten im Denken/Vorstellen/Wahrnehmen und/oder Fühlen und/oder Wollen mit dem anderen Aktor (anderen Aktoren) in der Art erlebt, dass im Realisieren eine Beeinträchtigung durch einen anderen Aktor (die anderen Aktoren) erfolgt.*" „*Nur solche Interaktionssituationen, in denen die vorher genannten Merkmale insgesamt gegeben sind, bezeichnen wir als Konflikte!*"[6]

---

1 Im Text erfolgt die Bezeichnung weiblicher oder männlicher Personen aus Gründen der Lesbarkeit und Übersichtlichkeit jeweils in maskuliner Form. Mit allen verwendeten Personenbezeichnungen sind stets beide Geschlechter gemeint.
2 Siehe ausf. *Besemer* (2001). S. 18 ff.
3 *Berlew* (1977). Zit. in: *Glasl* (2004). S. 15.
4 *Dahrendorf* (1961). S. 17.
5 *Rosenstiel* (1980). Zit. in: *Beck und Schwarz*, 2008, S. 120.
6 *Glasl* (1999). S. 16.

B. Psychologische Mediationskonzepte

Die Psychologie ist, wie eben angesprochen, eine der wichtigsten Grundlagendisziplinen, wenn es darum geht, die Gestaltung eines Mediationsverfahrens zu optimieren. Hierbei ist das Spektrum möglicher Formen zur Konfliktbeilegung weitreichend, je nach Anspruch des Konfliktthemas. *Psychologische Mediationskonzepte* haben insoweit sehr weitgehende Ziele.[7] Diese gehen im Einzelfall über die Lösung eines von der Mediation selbst zu lösenden sachlichen Problems hinaus.[8] Die Konfliktparteien erfahren mehr über sich selbst und über den Anderen.[9] Der Erkenntnisgewinn erstreckt sich über die eigenen Anliegen, normativen Überzeugungen, Bindungen, Strategien, Weltanschauungen bis hin zu Ängsten. Nach *Rosenberg*[10] lernt der Mediant viel über gewaltfreie Kommunikation[11], die Art eigene Probleme zu analysieren und Dinge so zu formulieren, dass sie von dem Anderen angenommen und lösbar werden können.

Kurz: Die *psychologische Mediation* bietet für die Konfliktparteien die Möglichkeit der Selbstreflektion und damit verbunden, die Chance der Persönlichkeitsentwicklung und nachhaltiger sozialer Bindung. Die Parteien werden aus einer guten Mediation mit mehr Selbsterkenntnis und mehr Kenntnisse über den Anderen herausgehen. Sie werden eine neue Kultur des sozialen Austausches und u.U. eine neue Streitkultur erwerben.

Im Endeffekt geht also das *psychologische Mediationsmodell* weit über die juristische Methode hinaus.[12] Erfolg wird hier nicht allein am objektiven Kriterium der außergerichtlichen Einigung und des Ausbleibens eines Gerichtsverfahrens festgemacht, sondern umfasst weitere Kriterien hinsichtlich des Zielkatalogs. Um Entwicklungsmöglichkeiten hierbei ausschöpfen zu können, ist

---

7 Siehe bereits ausf. *Moreno* (1959): Gruppenpsychotherapie und Psychodrama, Stuttgart: Thieme.
8 Dazu siehe *Schulz von Thun* (2003): Miteinander reden 1-3. Reinbek. Rowohlt.
9 Ausf. hierzu *Rosenberg* (2007): Das können wir klären! 2. Aufl., Junfermann, Paderborn.
10 *Rosenberg, Seils* (2005). Konflikte lösen durch Gewaltfreie Kommunikation. Ein Gespräch mit Gabriele Seils. 5. Aufl., Verlag Herder, Freiburg/Basel/Wien; *Rosenberg* (2006). Die Sprache des Friedens sprechen. Junfermann, Paderborn.
11 Die Gewaltfreie Kommunikation soll als ein Handlungskonzept im Kommunikationsfluss zu anderen Menschen mehr Vertrauen im Leben ermöglichen. Dies ist ein Weg friedlicher Konfliktlösung. Angestrebt ist nicht andere Menschen zu einem bestimmten Handeln zu bewegen, sondern eine wertschätzende Beziehung zu entwickeln, die mehr Miteinander in der Kooperation ermöglicht. Andere Bezeichnungen sind u.a.: Einfühlsame Kommunikation, Verbindende Kommunikation, Wertschätzende Kommunikation, Sprache des Herzens oder Giraffensprache. Siehe. auch *Bitschnau* (2007). Gewaltfreie Kommunikation als relationale und soziale Kompetenz. Empirische Studie zur Qualität zwischenmenschlicher Verständigung, Diss. Univ. Innsbruck 2007; *Gens* (2007). Mit dem Herzen hört man besser. Einladung zur Gewaltfreien Kommunikation. Junfermann, Paderborn 2007; *Besemer* (2001). S. 39f.
12 Vgl. hierzu die „Nebenwirkungen" bei *Wittschier* (2004). S. 57.

4

es m.E. nach wichtig, die reine Versachlichung des Konflikts zu überwinden, um zu einem Einbezug von *Emotionen respektive Gefühlen* und deren Enttabuisierung zu gelangen.[13]

Casriel[14] teilt in seinem Modell die Gefühle in *positive* (Freude, Liebe) und *negative* (Wut, Schmerz, Angst) besetzte Emotionen ein. Die hier genannten *negativen* Emotionen werden als sog. „Konfliktgefühle" erkannt, weil sie mit Konflikten oft einhergehen. Aus Erfahrung kann zudem geschlossen werden, dass aufgrund menschlicher Sozialisation in Familie, Schule und Beruf und den dortigen Umgang mit Gefühlen die meisten Menschen jedoch gelernt haben, diese negativen Gefühle zu vermeiden oder zu verdrängen und an deren Stelle Ersatzemotionen zu setzen, wie z.B. Zorn und Trotz statt Schmerz, Zynismus statt Ärger und Wut oder auch Euphorie statt Angst. In der *psychologischen Mediation* spielen daher *Emotionen* bzw. *Gefühle* eine, wenn nicht „die" zentrale Rolle in der Entwicklung und dem Verlauf von Konflikten.[15] Sie sind von großem Erkenntniswert und bieten Ansatzpunkte für Interventionen. Um es zu konkretisieren, *Emotionen* bzw. *Gefühle* sind in der Mediation diagnostisch aufschlussreich und gehören, m.E. nach, zur Analyse-Kernkompetenz eines Mediators dazu. Wichtig an dieser Stelle zu erwähnen ist, dass die *psychologische Mediation* auf verschiedenen Forschungsfeldern basiert und zu unterschiedlichen Erkenntnissen führen kann. Zu nennen sind u.a.:

Die *Motivationspsychologie*[16], die über Motive der Menschen berichtet, denen die Konflikte zugrunde liegen können und anhand derer ein Konflikt beigelegt werden kann.

Wiederum befasst sich die *Kommunikationspsychologie*[17] mit dem intentionalen und wechselseitigen Prozess des Sendens und Empfangens von Informationen und Nachrichten. Sie fördert den Verständigungsprozess und die Möglichkeit des richtigen gegenseitigen Verstehens.

---

13 *Besemer* (2001). S. 89, 90.
14 Das Modell der Konflikt-Gefühle benannt nach Daniel Harold Casriel, genannt *Dan Casriel* (1924-1983) ist ein US-amerikanischer Arzt, Psychiater und Psychoanalytiker.
15 Siehe ebenso *Wittschier* (2004). S. 25f.
16 Ausf. *Universität Wien*. Grundlagen der Motivationspsychologie. URL: https://homepage.univie.ac.at/Michael.Trimmel/mws00_haso.htm. Letztes Update: 30.8.2020; *Rheinberg* (2004). Motivation, Kohlhammer, 5. Aufl., Stuttgart.
17 Siehe *Six, Gleich, Gimmler* (2007) Gegenstandsbereich der Kommunikationspsychologie. In: Ulrike Six, Uli Gleich, Roland Gimmler (Hrsg.): Kommunikationspsychologie und Medienpsychologie. Beltz, Weinheim, Basel, S. 26–31; *Frindte* (2001). Einf. in die Kommunikationspsychologie. Beltz, Weinheim 2001, S. 22–23; *Watzlawick, Beavin, Jackson* (2007). Menschliche Kommunikation. Formen, Störungen, Paradoxien. 11., unveränd. Aufl. Bern: Huber, S. 53–70.

Die *Gerechtigkeitspsychologie*[18] bietet Ansätze zur Erfassung von Rechtssituationen und Rechtsgefühlen. Gerechtigkeit und Fairness spielen eine wichtige Rolle bspw. bei der Regelung und Verteilung von Lasten, bei der Rechtfertigung bestehender Ungleichheiten, sowie zur Herbeiführung von Entscheidungen und Lösungen von Konflikten in einem Mediationsverfahren.

Überdies beleuchtet die *Emotionspsychologie*[19] die Phänomene und Auswirkungen von Emotionen/Gefühlen. In der Mediation wird der kohärente Aspekt zwischen Emotionen und Konflikten analysiert und bietet die Option, belastende Gefühle zu verstehen und zu verändern.

C. „Heiße" und „kalte" Konflikte mit Beispielen

Von einem Konflikt spricht man, wie oben gezeigt, in dem Fall, wenn Interessen, Zielsetzungen oder Wertvorstellungen von Personen, gesellschaftlichen Gruppen, Organisationen oder Staaten miteinander unvereinbar sind oder unvereinbar erscheinen. Dabei lässt sich zwischen dem Konflikt selbst, dem den Konflikt begleitenden Gefühl (z. B. Wut) und dem konkreten Konfliktverhalten (z. B. tätliche Aggression) unterscheiden.

I.   Konfliktarten

In der Konfliktforschung werden zwei grundlegende Arten unterschieden. Die Rede ist von „heißen" und „kalten" Konflikten. Diesen begegnet man im Lauf des Lebens häufiger: Entweder in emotional geführten Konfliktsituationen, wie z.B. öffentlichen und familiären Diskussionen und Streitigkeiten als auch beispielsweise am Arbeitsplatz in Form von „eisiger" bzw. „frostiger" Umgangsweise und (Nicht-)Kommunikation. Im Folgenden werden für einen Überblick beide Konfliktarten am entsprechenden bildhaften Beispiel vorgestellt. Im Anschluss wird sich der sich meist daran anschließenden Konflikteskalation genähert gefolgt von den

---

18   Dazu   grdlg.   *Schmitt*   (2007):   Abriss   der   Gerechtigkeitspsychologie.   URL: https://www.researchgate.net/publication/37367087_Abriss_der_Gerechtigkeitspsychologie.   Letztes   Update 30.8.2020; *Liebig & Lengfeld* (2002). Gerechtigkeitsforschung als interdisziplinäres Projekt, in: Stefan Liebig und Holger Lengfeld (Hrsg.): Interdisziplinäre Gerechtigkeitsforschung. Zur Verknüpfung empirischer und normativer Perspektiven, Campus, Hamburg, 7 – 20.
19   Siehe   hierzu   *Universität   Heidelberg.*   FB   Psychologie: URL: https://www.psychologie.uni-heidelberg.de/ae/allg/lehre/wct/e/index.htm. Letztes Update: 30.8.2020. Weiterführend u.a.: *Meyer, Schützwohl & Reisenzein* (1993). Einf. in die Emotionspsychologie. Bd. I. Bern: Hans Huber; *Diess.:* (1997). Einf. in die Emotionspsychologie. Bd. II: Evolutionspsychologische Emotionstheorien. Bern: Hans Huber; s. auch *Otto, Euler, & Mandl* (Eds.). (2000). Emotionspsychologie. Ein Handbuch. Weinheim: Psychologie Verlags Union; *Schmidt-Atzert* (1996). Lehrbuch der Emotionspsychologie. Stuttgart: Kohlhammer.

unterschiedlichen Konflikthandhabungsstilen und derer zugehörigen Intention. Doch zunächst ein Blick auf die sog. „heißen" Konflikte.

1. Sog. „Heiße" Konflikte

… sind offen ausgetragene und offen erkennbare Konfrontationen, die vor allem dadurch gekennzeichnet sind, dass eine Partei die jeweils andere von ihrem Standpunkt überzeugen oder zu einer jeweils präferierten Lösung drängen will.[20]

Beispiel 1: Eklat am Arbeitsplatz

Der Eklat mit dem Chef am Vortag etwa ist ein sog. „heißer" Konflikt – noch frisch, beide Seiten sind engagiert und streitlustig. Vorstellbar auch die Konstellation, dass zwei Kollegen einen offenen Streit austragen. Wenn Sie sich auf dem Gang begegnen, fallen abfällige Bemerkungen. Es wurde beobachtet, dass sie sich vor der Tür offen anschreien und kurz davor sind tätlich zu werden. Aus ihrer Feindschaft machen sie vor anderen keinen Hehl.

Beispiel 2: Verfahrensbearbeitungsdauer

Die Mitarbeiter einer Behörde haben zu hohe Bearbeitungszeiten. Diese Mitarbeiter sind in verschiedene Gruppen eingeteilt und haben als Fürsprecher bzw. Vertreter einen Gruppenleiter. Die Führungsebene hat beschlossen, dass nun jede Gruppe auch „Spätdienst" bis 20 Uhr bedienen muss, d.h. dass je zwei Personen einer Gruppe in die Nachtschicht verlegt werden.

Diese Situation wird in einer Versammlung der jeweiligen Gruppenleiter (3 Personen) und 2 Vertretern der Führungsebene besprochen.

Die Gruppenleiter vertreten auf der Versammlung ihre Mitarbeiter und diskutieren mit der Führung, sie sind nicht einverstanden mit dem Beschluss der Führungsebene.

2. Sog. „Kalte" Konflikte

… sind weitgehend unsichtbare und mit subtilen Mitteln der Sabotage, Blockade und Verzögerung geführte Auseinandersetzungen, in denen es oft primär (nur noch) darum geht, die andere Partei zu schädigen. Kalte Konflikte sind oft das Ergebnis früherer heißer Konflikte, bei denen es zu keiner

---

20 Siehe *Glasl* (1999). S. 70.

oder zu keiner Befriedigenden Lösung gekommen ist und die Beteiligten daher vor allem frustriert und desillusioniert sind, was die Möglichkeit der einvernehmlichen Lösung angeht.[21]

Beispiel 1: Jahrelange Grabenkämpfe zwischen Abteilungen

Die Mitarbeiter des Vertriebs tragen einen kalten Konflikt aus. Sie enthalten sich Informationen vor, sprechen hinter vorgehaltener Hand über die andere Seite, einzelne Mitarbeiter machen vor Kunden abschätzige Bemerkungen. Auf die Situation von anderen Firmenmitgliedern angesprochen, wird von den Mitarbeitern abgewiegelt und verharmlost. Zwischen den Abteilungsleitern herrscht Funkstille. Die Führungskräfte stellen sich dem Konflikt nicht.

Beispiel 2: Mobbing einer Person am Arbeitsplatz

Das sprichwörtliche „eisige Schweigen" ist ein bekanntes Beispiel dafür, wie schwelender Ärger oder Intrigen negativ wirken. Dahinter verbirgt sich oft Angst von Mitarbeitern. Anstatt aber ihre Sorge, um die eigene Position offen zu äußern, wird der aufstrebende Kollege schlechtgemacht. Auch wird nicht über die eigene Leistung am Arbeitsplatz gesprochen, sondern hinter vorgehaltener Hand der Kollegen gemobbt.

Dies kann so lange geschehen bis ebendieser Kollege den Arbeitsplatz aufgibt, obwohl er eine gute Position innehat oder sogar aufsteigen würde.

II.   Änderung des Modus operandi?

Aus dem Gesagten lässt sich ableiten, dass alle Konflikte entweder einen heißen oder kalten Start haben. Nun stellt sich die Frage im Anschluss, ob sich ein Konflikttypus ändern kann. Beantworten lässt sich dies aus der eigentlichen Konflikteskalation, siehe sogleich dazu mehr. Erst ab diesem Punkt kann der Konflikt deutlich als sog. „kalter" oder „heißer" Konflikt hervortreten und möglicherweise auch in der weitereskalieren. Es kann aber auch sein, dass sog. „kalter" oder „heißer" Konflikttypus gleichzeitig bestehen.

---

21 *Ders*, a.a.O., S. 76.

D. Konflikteskalation am Beispiel

Glasl[22] stellt der Mediation ein Modell der Konflikteskalation zur Verfügung, um Konflikte besser zu analysieren und reagieren zu können.

Das Modell hat, im Gegensatz zum Vorgängermodell nach *Kurt R. Spillmann*, der fünf Eskalationsstufen beschreibt, neun Stufen. Diese teilen sich in drei Ebenen mit je drei Abstufungen.

Eine lehrbuchartige Darstellung aller Eskalationsstufen nach *Glasl's* Modell liefert der Handlungsverlauf im Film „Der Rosenkrieg"[23] (Scheidungskrieg) von *Danny de Vito*, dazu siehe nachfolgende Tabelle.

---

[22] *Glasl* (2004). Figur 9.2: Die 9 Stufen der Konflikteskalation: S. 236-237 sowie Kap. 11: Interventionen der Konfliktbehandlung, S. 313-347 (Auszüge).
[23] *Der Rosenkrieg.* In: *Lexikon des internationalen Films.* Filmdienst. Letztes Update: 30.8.2020.

1. Ebene (*Win-Win*)	*Stufe 1* – Verhärtung
	Konflikte beginnen mit Spannungen, z. B. gelegentliches Aufeinanderprallen von Meinungen. Es ist alltäglich und wird nicht als Beginn eines Konflikts wahrgenommen. Wenn daraus doch ein Konflikt entsteht, werden die Meinungen fundamentaler. Der Konflikt könnte tiefere Ursachen haben.
	Stufe 3 – Taten statt Worte
	Die Konfliktpartner erhöhen den Druck auf den Anderen, um sich oder die eigene Meinung durchzusetzen. Gespräche werden z. B. abgebrochen. Es findet keine verbale Kommunikation mehr statt und der Konflikt verschärft sich schneller. Das Mitgefühl den "anderen" geht verloren.
	Stufe 2 – Debatte
	Ab hier überlegen sich die Konfliktpartner Strategien, um den Anderen von ihren Argumenten zu überzeugen. Meinungsverschiedenheiten führen zu einem Streit. Man will den Anderen unter Druck setzen. Schwarz-Weiß-Denken entsteht.
2. Ebene (*Win-Lose)*	*Stufe 4* – Koalitionen
	Der Konflikt verschärft sich dadurch, dass man Sympathisanten für seine Sache sucht. Da man sich im Recht glaubt, kann man den Gegner denunzieren. Es geht nicht mehr um die Sache, sondern darum, den Konflikt zu gewinnen, damit der Gegner verliert.
	Stufe 5 – Gesichtsverlust
	Der „Gegner" soll in seiner Identität vernichtet werden durch alle möglichen Unterstellungen oder ähnliches. Hier ist der Vertrauensverlust vollständig. Gesichtsverlust bedeutet in diesem Sinne Verlust der moralischen Glaubwürdigkeit.
	Stufe 6 – Drohstrategien
	Mit Drohungen versuchen die Konfliktparteien, die Situation absolut zu kontrollieren. Sie soll die eigene Macht veranschaulichen. Man droht z. B. mit einer Forderung (10 Mio. Euro), die durch eine Sanktion („Sonst sprenge ich Ihr Hauptgebäude in die Luft!") verschärft und durch das Sanktionspotenzial (Sprengstoff zeigen) untermauert wird. Hier entscheiden die Proportionen über die Glaubwürdigkeit der Drohung.
3. Ebene *Lose-Lose)*	*Stufe 7* – Begrenzte Vernichtung
	Hier soll dem „Gegner „mit allen Tricks empfindlich geschadet werden. Der Gegner wird nicht mehr als Mensch wahrgenommen. Ab hier wird ein begrenzter eigener Schaden schon als Gewinn angesehen, sollte der des Gegners größer sein.
	Stufe 8 – Zersplitterung
	Der „Gegner" soll mit Vernichtungsaktionen zerstört werden.
	Stufe 9 – Gemeinsam in den Abgrund
	Ab hier kalkuliert man die eigene Vernichtung mit ein, um den Gegner zu besiegen.

E. Stile der Konflikthandhabung

Es hat sich gezeigt, dass Konflikte nicht immer schädlich sind, sondern dass es entscheidend ist, wie die Konflikte gehandhabt werden. Nach klassischer Auffassung gibt es 4 - 5 zentrale Konflikthandhabungsstile[24] mit den zugehörigen Intentionen und Kommunikationsstrategien.

I. Zusammenarbeit - (win-win)	
Differenzen diskutieren; Interessen offenlegen; gemeinsam Alternativen suchen, indem alle gewinnen; optimale Lösungen	Hier wird die Strategie maximaler Kooperation ersucht, um für beide Seiten das beste Ergebnis zu erzielen.
II. Kompromiss - (lose-win)	
Jeder muss etwas nachgeben Feilschen, Drohen, Kämpfen, Einlenken, brauchbare statt optimale Lösungen	Im Schnittpunkt der vier Strategien findet sich der *Kompromiss*. Je nach Wahrnehmung werden Kompromisse daher oft unterschiedlich beurteilt oft mit dem Gefühl verbunden, nicht das bestmögliche Ergebnis erzielt zu haben.
III. Vermeidung – (lose-lose)	
Konflikt ignorieren, vertagen, auf bürokratische Erledigung hoffen, Konfliktinformationen geheim halten, Rückzug, Anspruchsniveau senken.	Meint, dass der Konflikt nicht ausgetragen wird und die Situation unverändert erhalten bleibt. In dieser Situation ist es wahrscheinlich, dass beide Seiten verlieren („*Lose- Lose*")
IV. Machtausübung/ Zwang - (win-lose)	
Autorität nutzen, manipulieren, koalieren, Machtkampf, vollendete Tatsachen schaffen, Gegner diffamieren oder nicht beteiligen	Dieses Verhalten drückt den Wunsch aus, seine Position gegen den Widerstand anderer durchzusetzen. Es wird eine „*Win-Lose*"-Strategie verfolgt.
V. Machtausübung/ Zwang - (win-lose)	
Autorität nutzen, manipulieren, koalieren, Machtkampf, vollendete Tatsachen schaffen, Gegner diffamieren oder nicht beteiligen	Dieses Verhalten drückt den Wunsch aus, seine Position gegen den Widerstand anderer durchzusetzen. Es wird eine „*Win-Lose*"-Strategie verfolgt.

---

[24] Dazu vgl. ausf. *Thomas* (1992) pp. 651-717; Ein weiterer Kommunikationsstil ist das „*verdeckte Agieren*", s. dazu in: *Scholl* (2004). Kap. 6.

F. Lösungsmöglichkeiten für „heiße & kalte" Konflikte - ein Überblick

Die vorgestellten sog. emotional geführten „heißen" und meist in unterschwelligen Grabenkämpfen ergehenden „kalten" Konflikte müssen, nachdem sie erkannt wurden, jedoch keineswegs „auf immer" weiterbestehen. Vielmehr gibt es von Respekt gebotene, weitreichende Verhaltensweisen diesen nachhaltig abzuhelfen. An dieser Stelle ein Überblick zur Konfliktlösung im persönlichen Bereich.

Kalte Konflikte:	*Heiße* Konflikte:
Wieder Zugang und Wärme in das Gespräch einbringen, z.b. eigene Gefühle offen ansprechen. Dies sollte im geschütztem Rahmen vor sich gehen.	Bewusst die (eigenen) Emotionen „abkühlen" lassen und Sachverstand und Rationalität für sich sprechen lassen.
Emotionale Kräfte nutzen und versuchen althergebrachte (Nicht-)Kommunikation auch unter Zuhilfenahme eines objektiven Dritten zu lösen.	Deeskalierend sprechen.
Emotionen sachlich und strukturiert an das Gegenüber herantragen.	Versachlichung der Kommunikation
Emotionen deutlich aufzeigen.	Gegenseitiges aktives Zuhören praktizieren
Keine einseitigen unterdrückten Vorwürfe oder unterschwelliges kommunizieren	Feedback geben
Indirekte Problemlösung u.U. auch über einen heißen Konflikt herangehen.	Direkte unmittelbare Problembenennung und -bearbeitung

G. Resümee

Die Matrix kann zur Beurteilung von Konfliktsituationen verwendet werden, aber auch zur Strategieentwicklung, indem eine Position des Konflikts in der Ausprägung der Position der Gegenpartei angepasst wird. Das führt oft zu einem Stillstand (*Lose-Lose*), der nur durch Verhandlung in Richtung Zusammenarbeit/Kooperation verändert werden kann.

Im Ergebnis unterscheidet sich Konflikthandhabung danach, wie stark einerseits die eigenen Interessen verfolgt oder gar durchgesetzt und inwieweit andererseits die Interessen der anderen Seite berücksichtigt werden. Daraus resultiert ein zweidimensionales Modell mit vier Eckpunkten.

In diesem Zusammenhang spielt insbesondere auch der Umgang mit der (gemeinsamen) Vergangenheit eine Rolle. Hier ist stark danach zu differenzieren inwieweit der Konflikt eskaliert ist. Bei einem niedrigen Grad der Eskalation kann eine auf die kommende Perspektive ausgerichtete Kommunikation zum weiteren Vorgehen erfolgreich sein. Ist hingegen der Konflikt am Maximum eskaliert und „frisch" oder sind die Fronten hart und der Konflikt erkaltet, wird es dargetan sein, einen Schritt zurück zu treten und die Vergangenheit aufzuarbeiten.

Erst im Anschluss an dieses Prozedere kann auf eine perspektivische Konfliktlösung geschaut werden, sodass ein konstruktives Miteinander wieder möglich wird.

In puncto sog. „kalter" Konflikt darf in der Mediation das erhöhte Schutzbedürfnis der Beteiligten nicht vergessen werden, so dass es empfehlenswert ist, mit den Parteien zunächst getrennt im sog. „Shuttle-Verfahren" zu sprechen sowie das Feedback allgemeingültiger zu gestalten.

„Last but not least" sei festgehalten, dass der Konflikthandhabungsstil, der stark an Machtausübung orientiert, am meisten negative Folgen für alle Beteiligten und den Innovationserfolg verspricht. Insoweit kann resümiert werden, dass der erfolgversprechendste - und daher auch empfohlene - Stil[25], derjenige der Kooperation ist.

---

[25] Vgl. so auch *Scholl* (2004), Kap. 6; *Ders.* (2009). S. 67-86.

Literaturverzeichnis

Berlew, D. (1977). Zit. in: Glasl., F. (2004): Konfliktmanagement. Ein Handbuch für Führungskräfte, Beraterinnen und Berater, 8. aktualisierte und erg. Aufl., Paul Haupt Bern Stuttgart Wien, Freies Geistesleben Stuttgart, 2004.

Besemer, Ch. (2001). Mediation – Vermittlung in Konflikten, 8. Aufl. Baden, S. 18ff., S. 39f, S. 89, 90.

Bitschnau, Karoline I. (2007). Gewaltfreie Kommunikation als relationale und soziale Kompetenz. Empirische Studie zur Qualität zwischenmenschlicher Verständigung, Dissertation Universität Innsbruck 2007.

Dahrendorf, R. (1961): Gesellschaft und Freiheit. Zur soziologischen Analyse der Gegenwart, R. Piper & Co Verlag: München 1961, 455 S.

Frindte, W. (2001). *Einführung in die Kommunikationspsychologie.* Beltz, Weinheim 2001, S. 22f.

Gens, K.-D. (2007). Mit dem Herzen hört man besser. Einladung zur Gewaltfreien Kommunikation. Junfermann, Paderborn 2007.

Glasl, F. (1994). Konfliktmanagement. Ein Handbuch für Führungskräfte und Berater. Bern: Haupt. (10. überarb. Auflage 2011), S. 15.

Ders. (1999). Konfliktmanagement. Ein Handbuch für Führungskräfte und Berater. Bern: Haupt. (6. überarb. Aufl. 1999), S. 70, 76.

Ders. (2004). Konfliktmanagement. Ein Handbuch für Führungskräfte, Beraterinnen und Berater, 8. aktualisierte und erg. Aufl., Paul Haupt Bern Stuttgart Wien, Freies Geistesleben Stuttgart, 2004, Figur 9.2: Die 9 Stufen der Konflikteskalation: S. 236-237 sowie Kapitel 11: Interventionen der Konfliktbehandlung, S. 313-347 (Auszüge).

Liebig, St. und Lengfeld, H. (2002). Gerechtigkeitsforschung als interdisziplinäres Projekt, in: Stefan Liebig und Holger Lengfeld (Hrsg.): Interdisziplinäre Gerechtigkeitsforschung. Zur Verknüpfung empirischer und normativer Perspektiven, Campus, Hamburg 2002, 7 – 20.

Meyer, W.-U., Schützwohl, A. & Reisenzein, R. (1993). Einführung in die Emotionspsychologie. Band I. Bern: Hans Huber.

Diess.: (1997). Einführung in die Emotionspsychologie. Band II: Evolutionspsychologische Emotionstheorien. Bern: Hans Huber.

Moreno, J.L. (1959): Gruppenpsychotherapie und Psychodrama, Stuttgart: Thieme.

Otto, J. H., Euler, H. A., & Mandl, H. (Eds.). (2000). Emotionspsychologie. Ein Handbuch. Weinheim: Psychologie Verlags Union.

Rheinberg, F. (2004). Motivation, Kohlhammer, 5. Aufl., Stuttgart 2004.

Rosenberg, Marshall B. (2006). Die Sprache des Friedens sprechen. Junfermann, Paderborn 2006.

Ders., (2007). Das können wir klären! 2. Aufl., Junfermann, Paderborn 2007.

Rosenberg, Marshall B., Seils, G. (2005). Konflikte lösen durch Gewaltfreie Kommunikation. Ein Gespräch mit Gabriele Seils. 5. Aufl., Verlag Herder, Freiburg/Basel/Wien 2005.

Rosenstiel (1980). Zit. in: *Beck und Schwarz, Beck, R. & Schwarz, G.* (Hg.) (2008): Konfliktmanagement. Grundlagen und Strategien. 3., überarb. Aufl. Augsburg: ZIEL (Sozialmanagement Praxis), S. 120.

Schmidt-Atzert, L. (1996). Lehrbuch der Emotionspsychologie. Stuttgart: Kohlhammer.

Scholl, W. (2004). *Innovation und Information.* Wie in Unternehmen neues Wissen produziert wird (in Mitarbeit von Lutz Hoffmann & Hans-Christof Gierschner). Göttingen: Hogrefe. Kap. 6.

Ders. (2009). Konflikte und Konflikthandhabung bei Innovationen. In E. H. Witte & C. H. Kahl (Hrsg.), Sozialpsychologie der Kreativität und Innovation. Beiträge des 24. Hamburger Symposions zur Methodologie der Sozialpsychologie (S. 67-86). Lengerich: Pabst.

Schulz von Thun, F. (2003): Miteinander reden 1-3. Reinbek: Rowohlt.

Six, U., Gleich, U., Gimmler, R. (2007). Gegenstandsbereich der Kommunikationspsychologie. In: Ulrike Six, Uli Gleich, Roland Gimmler (Hrsg.): Kommunikationspsychologie und Medienpsychologie. Beltz, Weinheim, Basel 2007, S. 26–31.

Thomas K. W. (1992). Conflict and negotiation processes in organizations. In: M. D. Dunnette & L. M. Hough (Eds), *Handbook of industrial and organizational psychology* (2nd ed., pp. 651-717). Palo Alto, CA: Consulting Psychologists Press.

Watzlawick, P., Beavin, Janet H., Jackson, Don D. (2007). Menschliche Kommunikation. Formen, Störungen, Paradoxien. 11., unveränd. Aufl. 2007, Bern: Huber, S. 53–70.

Wittschier B.M. (2004). 30 min für erfolgreiche Mediation in Unternehmen, 2. Aufl., GABAL Verlag GmbH, Offenbach 2004, S. 25f., 57.

Onlineverzeichnis

Der Rosenkrieg. In: *Lexikon des internationalen Films.* Filmdienst, abgerufen am 26. April 2017. Letztes Update: 30.8.2020.

Schmitt, M.J. (2007): Abriß der Gerechtigkeitspsychologie. Abrufbar unter: https://www.researchgate.net/publication/37367087_Abriss_der_Gerechtigkeitspsychologie. Letztes Update 30.8.2020.

Universität Heideberg. Fachbereich Psychologie: URL: https://www.psychologie.uni-heidelberg.de/ae/allg/lehre/wct/e/index.htm. Letztes Update 30.8.2020.

Universität Wien. Grundlagen der Motivationspsychologie. URL: https://homepage.univie.ac.at/Michael.Trimmel/mws00_haso.htm. Letztes Update: 30.8.2020.

BEI GRIN MACHT SICH IHR WISSEN BEZAHLT

- Wir veröffentlichen Ihre Hausarbeit,
  Bachelor- und Masterarbeit

- Ihr eigenes eBook und Buch -
  weltweit in allen wichtigen Shops

- Verdienen Sie an jedem Verkauf

Jetzt bei www.GRIN.com hochladen
und kostenlos publizieren